BEI GRIN MACHT SICH IHR
WISSEN BEZAHLT

- Wir veröffentlichen Ihre Hausarbeit,
  Bachelor- und Masterarbeit

- Ihr eigenes eBook und Buch -
  weltweit in allen wichtigen Shops

- Verdienen Sie an jedem Verkauf

Jetzt bei www.GRIN.com hochladen
und kostenlos publizieren

Bibliografische Information der Deutschen Nationalbibliothek:

Die Deutsche Bibliothek verzeichnet diese Publikation in der Deutschen National-
bibliografie; detaillierte bibliografische Daten sind im Internet über http://dnb.d-
nb.de/ abrufbar.

Impressum:

Copyright © 2010 GRIN Verlag, Open Publishing GmbH
Druck und Bindung: Books on Demand GmbH, Norderstedt Germany
ISBN: 9783668173354

Dieses Buch bei GRIN:

http://www.grin.com/de/e-book/317813/schneiden-eines-m8-innengewindes-von-
hand-unterweisung-industriemechaniker-in

Anonym

Schneiden eines M8 Innengewindes von Hand (Unterweisung Industriemechaniker/in)

GRIN Verlag

GRIN - Your knowledge has value

Der GRIN Verlag publiziert seit 1998 wissenschaftliche Arbeiten von Studenten, Hochschullehrern und anderen Akademikern als eBook und gedrucktes Buch. Die Verlagswebsite www.grin.com ist die ideale Plattform zur Veröffentlichung von Hausarbeiten, Abschlussarbeiten, wissenschaftlichen Aufsätzen, Dissertationen und Fachbüchern.

Besuchen Sie uns im Internet:

http://www.grin.com/

http://www.facebook.com/grincom

http://www.twitter.com/grin_com

Ihr Vorname, Name
Ihre Adresse
Ihr Wohnort

Unterweisung
Präsentation

Thema:

Schneiden eines M8 Innengewindes von Hand
(Vor-, Mittel- und Fertigschneider)

https://de.wikipedia.org/wiki/Gewindebohrer#/media/File:Gewindeschneider_01_KMJ.jpg

Inhaltsverzeichnis

I. Formaler Teil

1. Thema

Schneiden eines Innengewindes M8 von Hand in einer vorgefertigten Stahlplatte.
(3 Gänge: Vor-, Mittel- und Fertigschneider)

2. Sachanalyse

Zur Durchführung verschiedener Arbeiten müssen immer wieder Metallstücke aneinandergefügt oder miteinander verbunden werden. Es handelt sich um die sogenannten Verbindungstechniken. Bei der Herstellung von Metallverbindungen wird am häufigsten die Schraube verwendet. Vorraussetzung dafür ist es, ein Innengewinde herzustellen.
Beim Innengewindeschneiden mit einem mehrteiligen Gewindeschneidsatz (Vorschneider, Mittelschneider und Fertigschneider) sind mehrere Arbeitsgänge notwendig. Hierbei werden Gewinde in vorgebohrte Löcher geschnitten. Gewindeschneider für Innengewinde bezeichnet man auch als Gewindebohrer. Ziel der folgenden Unterweisung ist es, dem Auszubildenden das selbständige Herstellen eines Regelgewindes mittels Gewindeschneidsatz zu vermitteln. Zudem soll der Auszubildende Verantwortungsbereitschaft und Qualitätsbewusstsein erlernen.

3. Richtlernziel

Herstellen von Bauteilen und Baugruppen
(§ 10 Abs. 1 Nr.8 des Ausbildungsrahmenplanes)

4. Groblernziel

§ 10 Abs. 1 Nr.8 c) Werkstücke durch manuelle und
maschinelle Fertigungsverfahren herstellen

Auszug aus dem Ausbildungsrahmenplan:

8	Herstellen von Bauteilen und Baugruppen (§ 10 Abs. 1 Nr. 8)	a)	Betriebsbereitschaft von Werkzeugmaschinen einschließlich der Werkzeuge sicherstellen
		b)	Werkzeuge und Spannzeuge auswählen, Werkstücke ausrichten und spannen
		c)	Werkstücke durch manuelle und maschinelle Fertigungsverfahren herstellen
		d)	Bauteile durch Trennen und Umformen herstellen
		e)	Bauteile, auch aus unterschiedlichen Werkstoffen, zu Baugruppen fügen

5. Feinlernziel

Schneiden eines Innengewindes M8 von Hand
in einer vorgefertigten Stahlplatte

5.1 Psychomotorisch

Der Auszubildende kann:

- das Werkstück fachgerecht in einem
  Schraubstock einspannen
- Gewindebohrungen entgraten
- das Schneidewerkzeug fachgerecht einsetzen
  und die 3 Stufen zur Herstellung des Regelgewindes
  durchführen
- die Gewindebohrungen mit einem Gewindelehrdorn auf den Flankendurchmesser, und die
  Winkligkeit mit Hilfe eines 90° Winkels prüfen

5.2 Kognitiv

Der Auszubildende kann:
- das Schneidewerkzeug unterscheiden
- beschreiben, wie er die einzelnen Arbeitsgänge
  fachgerecht und eigenständig durchführt

5.3 Affektiv

Der Auszubildende ist bereit:
- die betreffenden Arbeitssicherheitsregeln
  zu beachten
- die Umweltschutzhinweise zu
  berücksichtigen (Öle und ölhaltige Betriebs-
  mittel fachgerecht entsorgen)
- auf Ordnung und Sauberkeit an seinem
  Arbeitsplatz achten

6. Begründung

Ich vermittel dem Auszubildenden, dass das Gewindeschneiden
ein prüfungsrelevanter Arbeitsgang ist. Unter § 10 Abs. 1 Nr.8 c)
wird es im Ausbildungsrahmenplan aufgeführt und muss somit
unterrichtet werden. Ich erkläre dem Auszubildenden, dass das
Gewindeschneiden so wichtig ist, weil es täglich weltweit genutzt
wird (z.B. für lösbare Verbindungstechniken, als Anschlagpunkt
für den Transport u.v.m). Die gebräuchlichste Gewindeart in
Deutschland ist das Metrische-ISO-Gewinde.

6. Ausgangssituation

6.1 Zu unterweisenden Auszubildenden

Ich unterweise einen männlichen Auszubildenden. Er befindet sich im 1.Ausbildungsjahr und ist 18 Jahre alt.

6.2 Schulische Vorbildung

Der Auszubildende besitzt den Sekundarabschluss I (Fachoberschulreife).

6.3 Vorkenntnisse

Der Auszubildende hat seine Ausbildung vor einigen Wochen begonnen und besitzt durch seine Lernbereitschaft folgende Vorkenntnisse:
Das Messen, Anreißen, Körnen, Bohren und Senken von Werkstücken ist ihm schon bekannt und bereitet ihm keine Probleme. Des Weiteren hat er in der Berufschule schon den Aufbau von metrischen Gewinden kennen gelernt und kann mit Hilfe des Tabellenbuches den Vorbohrdurchmesser bestimmen.

6.4 Lernort

Als Unterweisungsort wurde die Werkbank des Auszubildenden in der Lehrwerkstatt der _____ AG/GmbH gewählt.

6.5 Ausbildungsmittel

1) M8 Gewindeschneidsatz
(Vor-, Mittel und Fertigschneider v.l.n.r.)

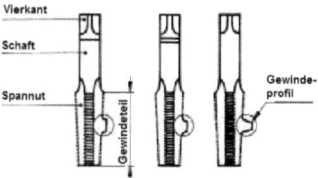

2) Windeisen M4-M12 (1stk.)

3) Gewindelehrdorn M8 (1stk.)
4) vorbereitetes Werkstück (1stk.)
5) 90° Winkel zum Ausrichten des Gewindebohrers und
zum Überprüfen (1stk.)

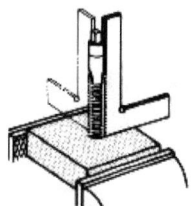

6) Öl-Tropfflasche (100ml)
7) Pinsel (1stk.)
8) Lappen (1stk.)
9) Schutzbrille (1stk.)
10) Parallelschraubstock / Werkbank (1stk.)
11) Des Weiteren: einen Handentgrater und
Reinigungsutensilien wie Kehrblech
und Besen.

7. Dauer der Unterweisung

Die 45 Minuten dauernde Unterweisung wird nach der Frühstückspause durchgeführt, da dies der Zeitpunkt einer hohen Aktivphase ist.

8. Methodenwahl

Da es sich bei der gewählten Unterweisung um das Erlernen handwerklichen Geschicks, sowie den Umgang mit den erforderlichen Werkzeugen handelt, wurde die 4-Stufen Methode gewählt.

Weitere Vorteile sind:
- Auszubildender und Ausbilder sind im direkten Kontakt
- große Effektivität durch Verbindung von Theorie und Praxis
- gute Vermittlung psychomotorischer Lerninhalte
- kleine Lernschritte bei komplizierten Arbeitsvorgängen
- Anschaulichkeit durch das Vormachen
- Der Auszubildende kann jederzeit Fragen stellen
- Direkte Erfolgskontrolle beim anschließenden Nachmachen

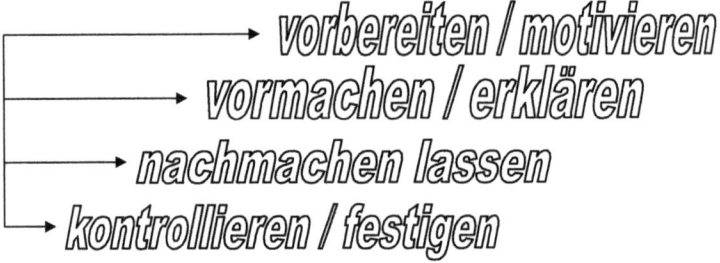

4 Stufen-Methode

→ vorbereiten / motivieren
→ vormachen / erklären
→ nachmachen lassen
→ kontrollieren / festigen

II. Inhaltlicher Teil

1. Motivieren (1.Stufe: vorbereiten und motivieren)

Ich bereite den Arbeitsplatz in der Lehrwerkstatt ordnungsgemäß vor und sorge für gute Verhältnisse. Nach einem kurzen „Small Talk" bringe ich dem Auszubildenden das Thema näher, stelle ihm gezielte Fragen zu den vorhandenen Vorkenntnissen und baue somit eventuell vorhandene Ängste und Spannungen ab. Danach erkläre ich dem Auszubildenden das Thema der Unterweisung und die von mir gewählte Methode (indirekte Motivation durch Spannungsabbau: Wiederholung, didaktische/methodische Vorschau). Ich erkläre ihm, dass die von ihm erstellten Bauteile in der Endmontage eingesetzt werden und mache ihm klar, dass seine Arbeit ein wichtiger Arbeitsschritt ist. Durch die zu erlernende Fähigkeit, selbständig metrische Gewinde zu schneiden, erreicht er ein höheres Ansehen bei Kollegen und Vorgesetzten (indirekte Motivation durch Spannungsaufbau: Ehrgeiz). Außerdem werde ich dem Auszubildenden sagen, dass er mich jederzeit während der Unterweisung auf Unklarheiten und Fragen ansprechen kann und weise ihn auf die Unfallverhütungsvorschriften hin. Ich positioniere den Auszubildenden so an der Werkbank, dass er die Unterweisung in der Stufe des Vormachens gut beobachten kann. Der Arbeitsplatz ist geordnet und das Werkzeug positioniert.
Bevor wir zur zweiten Stufe übergehen und die erste Stufe beenden, frage ich ob noch Fragen zum Ablauf der Unterweisung bestehen.

2. Entwickeln (2.Stufe: vormachen und erklären)

Zeit	Lern-schritt (Was?)	Ausführungs-hinweise (wie?)	Begründung (warum?)	Methoden / Unterweisungsgrund-sätze, Verhalten des Ausbilders
0.- 3. Minute	**1.** Arbeits-werk-zeug aus-suchen	Gewindeschneid-satz M8 aus-wählen Vorschneider aussuchen: M8 erster Gang: ein Ring am Schaft Windeisen aussuchen: Größe M4 – M12	Die richtige Auswahl der Arbeitsmittel treffen und mit dem richtigen Werkzeug beginnen.	Ich erkläre dem Auszubildenden die Wahl der Arbeitsmittel. Zusätzlich weise ich ihn auf die Unfallverhütungs-vorschriften hin: Gewindeschneider immer am Schaft anfassen, sonst besteht Verletzungsgefahr!
3.- 5. Minute	**2.** Werkzeug fachgerecht vorbereiten	Gewindebohrer M8 Vorschneider (1 Ring) in den Gewindebohrer-halter (Windeisen) einspannen. Gewindebohrer-halter durch links drehen öffnen, damit der Gewindebohrer M8 (Vorschneider) in Gewindebohrer-halter eingespannt werden kann. Rechts drehen zum Spannen.	Damit der Gewindebohrer fest eingespannt und gegen Verdrehen und Herausfallen gesichert ist.	Ich positioniere den Auszubildenden direkt neben mir, und biete ihn uneingeschränkte Sicht. Ich gebe ihm die Möglichkeit Fragen zu stellen. UVV: Quetschgefahr bei Zudrehen des Windeisens

Zeit	Lern-schritt (Was?)	Ausführungs-hinweise (wie?)	Begründung (warum?)	Methoden / Unterweisungs-grundsätze, Verhalten des Ausbilders
6.- 8. Minute	**3.** Vor-gefertigtes Werk-stück ein-spannen	Das vorgebohrte und gesenkte Werkstück parallel zu den Spannbacken im Schraubstock einspannen.	Damit das Werkstück fachgerecht im Schraubstock eingespannt ist. Um die Winkligkeit prüfen zu können und um die Stabilität des Werkstückes zu gewährleisten.	Das Einspannen von Werkstücken ist dem Auszubildenden bekannt. Durch das Wiederholen sichert man den Erfolg. UVV: Quetschgefahr im Schraubstock
9.- 15. Minute	**4.** Ansetzen und Schneiden mit dem Vor-schneider	Den Gewindebohrer einölen, ansetzen und im Uhrzeigersinn beginnen zu schneiden. Wenn der Vorschneider genügend Halt bekommen hat, kann der Gewindebohrer mit dem 90° Winkel auf das Kernloch ausgerichtet werden. Ggf. die Winkligkeit durch Druckverlagerung beim Schneiden korrigieren. Nach jeder 2-3 Umdrehung Späne brechen (halbe Drehung links) Vorschneider soweit in die Bohrung eindrehen bis er sich freischneidet. Links herum ausdrehen.	Damit das Gewinde nach dem Vorschneiden gerade in der Bohrung sitzt. Korrektur ist möglich, da der Vorschneider nur 55% der Zerspanarbeit übernimmt. (Anhang) Öl ist für die Reibung, und das Spänebrechen. Zudem schützt es vor Werkzeugbruch und reduziert die aufzubringende Schneidkraft.	Hier wirkt das Prinzip der Anschaulichkeit und der Praxisnähe. Der Auszubildende steht neben mir und beobachtet meine Arbeitsschritte. Ich erkläre ihm die Kernpunkte dieses Arbeitsganges.

Zeit	Lern-schritt (Was?)	Ausführungs-hinweise (Wie?)	Begründung (warum?)	Methoden / Unterweisungs-grundsätze, Verhalten des Ausbilders
16.-17. Minute	**5.** Vor-schneider entnehmen / Mittel-schneider einspannen	Gewindebohrer/ Mittelschneider M8 (2 Ringe am Schaft) in den Gewindebohrer-halter (Windeisen) einspannen. Vorgehensweise siehe Schritt 1 bis 2. Vorschneider reinigen.	Nach Vollendung des Vorschneidevor-gangs, wird der Mittelschneider angewendet Sauberkeit +Ordnung = <u>Sicherheit</u>	
18.-24. Minute	**6.** Weiter-schneiden mit dem Mittel-schneider	Gewindebohrer einölen. Mittelschneider von Hand auf das vorgeschnittene Gewinde setzen und Gewindeanfang suchen. Gewinde rechtsherum schneiden, Schneidöl dazu und nach jeder 2-3 Umdrehung Späne brechen (halbe Drehung links) Mittelschneider soweit in die Bohrung eindrehen bis er sich freischneidet. Links herum ausdrehen.	Das Gewinde-schneiden mit dem Mittel-schneider ist der zweite und vorletzte Schneidevorgang zum fertigen Gewinde. Schneidöl ist für die Reibung und das Spänebrechen. Ebenfalls schützt es vor Werkzeugbruch.	Auch hier wirkt das Prinzip der Anschaulichkeit. Der Auszubildende steht neben mir und beobachtet meine Arbeitsschritte. Ich gebe dem Auszubildenden die Möglichkeit, Fragen zu stellen.

Zeit	Lern-schritt (Was?)	Ausführungs-Hinweise (Wie?)	Begründung (warum?)	Methoden / Unterweisungs-grundsätze, Verhalten des Ausbilders
25.- 26. Minute	**7.** Mittel-schneider entnehmen / Fertig-schneider einspannen	Gewindebohrer/ Fertigschneider M8 (keinen oder 3 Ring(e) am Schaft) in den Gewindebohrer-halter (Windeisen) einspannen. Vorgehensweise siehe Schritt 1 bis 2. Mittelschneider reinigen.	Nach Vollendung des Mittelschneide-vorgangs, wird der Fertigschneider angewendet. Sauberkeit +Ordnung = Sicherheit	Ich frage den Auszubildenden warum jetzt die Gewindebohrung mit dem Fertigschneider fortgesetzt werden muss. Hinweis auf die Unfallverhütungs-vorschriften: (Siehe Lernschritt 1.) Prinzip der Erfolgsicherung
27.- 33. Minute	**8.** Weiter-schneiden mit dem Fertig-schneider	Gewindebohrer einölen. Fertigschneider von Hand auf das vorgeschnittene Gewinde setzen und Gewindeanfang suchen. Gewinde rechtsherum schneiden, Schneidöl dazu und nach jeder 2-3 Umdrehung Späne brechen (halbe Drehung links) Fertigschneider soweit in die Bohrung eindrehen bis er sich freischneidet. Links herum ausdrehen.	Das Gewindeschneiden mit dem Fertigschneider ist der letzte Schneide-vorgang zum fertigen Gewinde, um das gewünschte Gewindeprofil zu erreichen. Schneidöl ist für die Reibung und das Spänebrechen. Ebenfalls schützt es vor Werkzeugbruch.	Wieder wirkt das Prinzip der Anschaulichkeit. Ich gebe dem Auszubildenden die Möglichkeit, Fragen zu stellen.

Zeit	Lern-Schritt (Was?)	Ausführungs-hinweise (Wie?)	Begründung (warum?)	Methoden / Unterweisungs-grundsätze, Verhalten des Ausbilders
34.- 37. Minute	**9.** Staub- und Spanrück-stände entfernen, entgraten	Mit einem Pinsel die Oberfläche des Werkstückes reinigen. Innengewindeflanken durch kreisende Bewegungen des Pinsels ebenfalls säubern. Dabei Schutzbrille tragen. Handentgrater senkrecht auf das Loch ansetzten und leicht im Uhrzeigersinn eindrehen.	Späne und Staub werden von der Oberfläche entfernt und damit wird eine Verletzungsgefahr ausgeschlossen. Der Gewindelehrdorn verklemmt nach dem Reinigen nicht	Ich weise den Auszubildenden auf die betreffenden Arbeitssicherheits-regeln und Umweltschutz-hinweise hin. Beim Säubern des Werkstückes können umfliegende Späne in die Augen geraten, daher unbedingt Schutzbrille tragen!
38.- 40. Minute	**10.** Werkstück entnehmen / Flanken-durch-messer und Winkligkeit prüfen	Werkstück aus dem Schraubstock entnehmen und mit dem Lappen entölen. Gewindelehrdorn vom Gewindeeingang bis Gewindeausgang einschrauben. Wenn sich die Gut-Seite komplett ein-schrauben lässt, ist das Gewinde o.k.. wenn sich zusätzlich noch die Ausschuss-Seite einschrauben lässt, ist das Gewinde nicht o.k. . Winkligkeit mit 90° Winkel überprüfen.	Das Gewinde wird auf Tauglichkeit geprüft. Der Flankendurch-messer sowie die Winkligkeit werden überprüft. Ansonsten besteht später z.B. die Gefahr einer Lösung der Schrauben-verbindung.	Zuletzt frage ich ihn, ob noch Unklarheiten bestehen. Ggf. Arbeitsschritte wiederholen.

3. Üben (3. Stufe: Nachmachen lassen)

In der dritten Stufe ermuntere ich den Auszubildenden zu eigenen Versuchen.

Der Auszubildende versucht jetzt selbst durch sein neues Wissen die einzelnen Arbeitsschritte mit kurzer Erläuterung nachzumachen.

Ich stehe neben dem Auszubildenden und beobachte die einzelnen Arbeitsschritte, dabei korrigiere ich nur grobe Fehler in der Ausführung, um den Auszubildenden nicht zu entmutigen. Bei Verletzungsgefahr greife ich sofort ein.

Ich beobachte sein Arbeitstempo und bringe ihm nahe, dass Arbeitsgenauigkeit zur Zeit vor Schnelligkeit geht.

Der Auszubildende soll seine Vorgehensweise begründen. Daran kann ich feststellen, ob er das Vermittelte verstanden hat. Falls noch Wissenslücken vorhanden sind, werden diese jetzt noch geschlossen.

Ich lobe und motiviere ihn zum Weitermachen.

4. Kontrollieren (4. Stufe: kontrollieren und festigen)

Mit dieser vierten Stufe schließt der Auszubildende den Lernprozess ab. In dieser Stufe arbeitet der Auszubildende selbständig.

Er führt völlig selbständig 4 M8 Gewindebohrungen in einer Stahlplatte durch.

Ich greife nur ein, wenn es notwendig ist und achte darauf, dass sich beim Arbeiten keine Fehler einschleichen.

Ich stehe weiterhin für Fragen und Anregungen zur Verfügung.

Der Auszubildende überprüft zunächst sein Ergebnis selbstständig mit Hilfe des Gewindelehrdorns. Anschließend kontrolliere ich gemeinsam mit dem Auszubildenden die durchgeführten Gewindebohrungen.

Ich beurteile und bewertet die Leistung und spreche Lob und Anerkennung aus.

Anhang

Bild 1

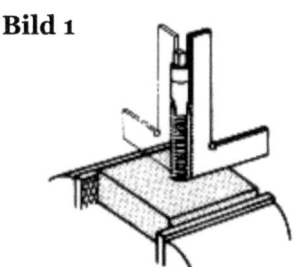

Bild 2

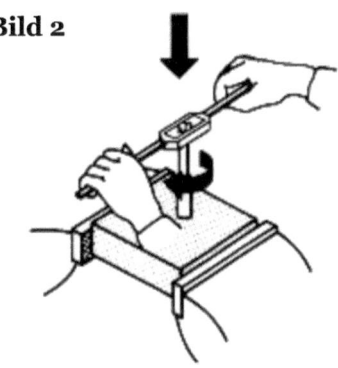

Bild 3

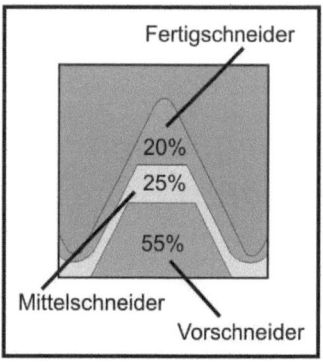

https://de.wikipedia.org/wiki/Gewindebohrer#/media/File:Gewindeschneider.jpg